Leserabe
2. Lesestufe

Marjorie Weinman Sharmat • Fabian Lenk

Rabenstarke Detektivgeschichten

Mit Bildern von

Detlef Kersten und Wilfried Gebhard

Ravensburger Buchverlag

Bibliografische Information Der Deutschen Bibliothek:

Die Deutsche Bibliothek verzeichnet diese Publikation
in der Deutschen Nationalbibliografie.
Detaillierte bibliografische Daten sind im Internet
über **http://dnb.ddb.de** abrufbar.

1 2 3 08 07 06

Umschlagbild: Heribert Schulmeyer
Umschlagkonzeption: Sabine Reddig
Rätsel: Cornelia Neudert
Illustrationen Rätsel und Innentitel: Heribert Schulmeyer

Redaktion: Marion Diwyak
Printed in Germany

ISBN 10: 3-473-36193-3
ISBN 13: 978-3-473-36193-9

www.ravensburger.de
www.leserabe.de

Inhalt

Marjorie Weinman Sharmat

Nick Nase
und
die Super-Pflanze

Ich bin Nick Nase,
der große Detektiv.
Gestern musste ich endlich
das Unkraut in meinem Garten jäten.
Schnuffel grub solange Löcher.
Schnuffel ist mein Hund.

Dann kam Oliver vorbei.
Oliver kommt immer vorbei.
Oliver ist eine Landplage.
„Ich hab eine Pflanze verloren“,
sagte er.
„Kein Problem“, sagte ich.
„Bei mir sind jede Menge übrig.“
„Aber ich will <u>meine</u> zurück“,
sagte Oliver.
„Kannst du mir suchen helfen?“
„Ich, der große Nick Nase,
suche keine
verloren gegangenen Pflanzen.

Ich übernehme nur
wichtige Fälle."
„Aber die Pflanze <u>ist</u> wichtig",
sagte Oliver.

„Ich hab sie von Sylvi gekauft.
Sylvi macht jetzt diese
Gib-einer-Pflanze-
ein-Zuhause-Aktion.
Da gräbt sie Pflanzen aus,
die niemand haben will,
und besorgt ihnen ein neues Heim."
„Klasse Idee", sagte ich.
„Man bekommt sogar ein Zertifikat",
sagte Oliver und zeigte auf etwas,
das hinten
aus seiner Jeanstasche schaute.
Es war ein zusammengerolltes
Stück Packpapier
mit einer Schleife drum.
Er gab es mir,
und ich machte die Schleife ab
und las:

Es war ein schönes Zertifikat.
Unten links in der Ecke
war ein glänzendes Siegel.

„Was hab ich dir gesagt:
Es ist eine wichtige Pflanze“,
sagte Oliver.
„Außerdem war eine Kassette
mit einem Lied dabei,
das Sylvi selbst geschrieben
und aufgenommen hat.
Wenn man
es den Pflanzen vorspielt,
sollen sie angeblich
schneller wachsen.
Sei stolz, kleine Pflanze,
und träum deinen Traum.
Leb wild und gefährlich
und werde ein Baum.
„Sylvi hat klasse Ideen“, sagte ich.
„Schade, dass sie immer
so verrückt sind.“

Ich gab Oliver
sein Zertifikat zurück,
und er steckte es wieder
in die Tasche.

„Erzähl“, sagte ich.
„Was hast du gemacht,
als du die Pflanze gekauft hattest?“
„Ich hab sie
mit nach Hause genommen“,
sagte Oliver.
„Aber sie sah krank aus.
Da hab ich ihr
Sylvis Kassette vorgespielt.

Hinterher sah sie noch kränker aus.
Da bin ich zur Bücherei gegangen
und hab mir ein dickes Buch
über Pflanzen ausgeliehen.

In dem Buch stand alles
über gesunde
und über kranke Pflanzen.
Es stand auch drin,
wie man kranke Pflanzen
gesund macht.

Gesund in drei Schritten
heißt das Kapitel.
Schritt eins:
Gib deiner Pflanze Erde!
Also hab ich
einen Blumentopf mit Erde besorgt
und die Pflanze reingesteckt.
Schritt zwei:
Gib deiner Pflanze
Licht und Luft!
Also hab ich
den Topf mit der Pflanze
an eins der offenen Fenster
im Wintergarten gestellt.
Schritt drei:
Gib deiner Pflanze Wasser!
Also bin ich ins Haus zurück,
ein Glas Wasser holen.

Und wie ich zurückkam,
war der Blumentopf noch da,
aber die Pflanze
war verschwunden."
„Vielleicht mochte die Pflanze
den letzten
von den drei Schritten nicht",
sagte ich.

„Vielleicht ist sie abgehauen.“
„Glaub ich nicht“,
sagte Oliver.
„Außerdem ist es
zum letzten Schritt
gar nicht mehr gekommen.“
„Ich hab’s“, sagte ich.
„Der Fall ist gelöst.
Heute ist ein windiger Tag,
und alle Fenster standen offen,
stimmt’s?
Der Wind hat deine Pflanze
fortgeblasen.
Wir haben Westwind.
Wahrscheinlich ist deine Pflanze
längst in China.“
„Nie im Leben“,
sagte Oliver.

„China liegt außerhalb
von unserem Wintergarten,
und vor den Fenstern
sind Fliegengitter."

„Okay“, sagte ich.
„Ich, der große Nick Nase,
weigere mich,
deine Pflanze zu suchen.
Weil ich nämlich,
selbst wenn ich sie finden würde,
gar nicht wüsste,
ob sie es auch wirklich ist.“
„Meine Pflanze sieht klein
und mickrig aus und krank“,
sagte Oliver.
„Mit einer gelben Knospe.
Sylvi sagt,
es wird eine Super-Pflanze draus,
die bis in den Himmel wächst.
Darum hab ich sie auch gekauft.“
Oliver stand vor mir
und schaute hinauf zum Himmel.

Ich wusste,
er würde für immer
so stehen bleiben,
wenn ich ihm nicht
seine Pflanze suchte.
„Na schön“, sagte ich.

„Ich übernehme den Fall.“
Dann schrieb ich einen Zettel
für meine Mutter:

„Jetzt zeig mir,
wo genau deine Pflanze
verschwunden ist“,
sagte ich zu Oliver.
Er ging voraus,
und Schnuffel und ich
gingen hinterher.

Vor den Fenstern
von Olivers Wintergarten
waren wirklich Fliegengitter.
Ich suchte nach Löchern darin,
aber ich konnte keine finden.
Das Fensterbrett war voller Erde,
und mittendrin stand
der Blumentopf.

Auf einem Stuhl vor dem Fenster
lag ein dickes Buch.
Es hatte braune Fingerabdrücke
auf dem Einband.
Ich konnte mit Mühe und Not
den Titel lesen:
Wunderbare Pflanzenwelt.

Ich suchte den ganzen
Wintergarten ab.
Ich suchte in allen Ecken.
Ich suchte auf und unter
allen Möbeln,
und Schnuffel schnüffelte alles ab.
„Deine Pflanze muss hier sein“,
sagte ich.

„Aber sie ist es nicht.
Der Fall ist schwieriger,
als ich dachte.
Ich muss zu Sylvi.
Vielleicht finde ich dort
einen Hinweis."
„Ich komm gleich nach",
sagte Oliver.
„Lass dir Zeit",
sagte ich.
Schnuffel und ich rannten,
so schnell wir konnten.
Wir rannten zu Sylvi.
Sie saß hinter einem Tisch
im Vorgarten.
Auf dem Tisch standen
jede Menge Pflanzen
in alten Thunfischdosen.

Zwischen den Pflanzen
saßen jede Menge Katzen.
Sylvi mag Katzen.
Unter dem Tisch
stand eine Gießkanne.

Und hinter Sylvis Stuhl
stand ein Schild.
Darauf stand:
Gib einer Pflanze ein Zuhause!
„Ich suche Olivers Pflanze“,
sagte ich.
„Hat er sie etwa verloren?“,
sagte Sylvi.
„Es war meine beste.
Eines Tages wird sie
bis in den Himmel wachsen.
Es ist eine klasse Pflanze!“
„Erst mal ist sie krank“,
sagte ich.
„Weil Oliver sie nicht genug liebt“,
sagte Sylvi.
„Würdest du sie wieder erkennen,
wenn du sie siehst?“, fragte ich.

„Ich kenne alle meine Pflanzen“,
sagte Sylvi.
„Und ich führe Buch über sie.“
Sylvi schlug ein Notizbuch auf,
das vor ihr
zwischen den Pflanzen
und Katzen lag.
„Olivers Pflanze hat
eine gelbe Knospe“,
sagte sie.
„Das weiß ich schon“, sagte ich.
„Und sie heißt Super-Pflanze“,
sagte Sylvi.
„Das weiß ich auch schon“,
sagte ich.
Ich hatte zwar längst
einen passenderen Namen dafür,
aber ich glaube nicht,

dass er Sylvi gefallen hätte:
Dödelkraut.
„Danke, Sylvi“, sagte ich.
„Du hast mir alles erzählt,
was ich schon wusste.“

„Gern geschehen“, sagte sie
und schlug ihr Notizbuch zu.
„Freut mich,
dass ich dir helfen konnte.“
Schnuffel und ich wollten
gerade gehen,
da kam Nina mit Django,
ihrem Monsterhund.
Schnuffel sauste sofort
unter Sylvis Tisch.

Er stieß die Gießkanne um,
und sie fiel genau
auf Sylvis Füße.
„Schnuffel, du Schussel!",
schrie Sylvi.
„Jetzt sind meine Strümpfe nass!"
Es war eindeutig nicht
Schnuffels Tag.

Erst Sylvis Katzen,
die er nicht leiden kann.
Und jetzt auch noch Django,
den niemand leiden kann.
Außer Nina natürlich.
„Tag, Nina“, sagte ich.
„Ich suche eine Pflanze
mit einer gelben Knospe.“
„Vielleicht hat Django
sie gefressen“, sagte sie.
„Er ist doch nicht etwa
unter die Pflanzenfresser
gegangen?“,
fragte ich.
„Django frisst alles“,
sagte Nina.
„Pass auf:
FASS DIE PFLANZE, DJANGO!“

So schnell konnte man
nicht gucken,
wie Django eine Pflanze
von Sylvis Tisch schnappte
und davonlief.
„Hier geblieben! Erst bezahlen!“,
rief Sylvi hinter ihm her.
Aber Django schien es
nicht zu hören.

Er lief weiter
und Sylvis Katzen
liefen hinterher.
Ich hoffte, sie würden ihn einholen
und es käme zum Kampf.

Ich hoffte,
dabei würde es nur Verlierer geben.
Dann wäre die Welt
gleich viel sicherer.
Jedenfalls unsere Gegend.
Als Django und die Katzen
nicht mehr zu sehen waren,

kam Schnuffel unterm Tisch vor.
Er wusste,
es war Zeit zu gehen.
Schließlich mussten wir
Olivers Dödelkraut suchen.
Aber wo?
Vielleicht dort,
wo es die meisten Pflanzen gibt:
im Wald oder im Park.
Schnuffel und ich
gingen zuerst in den Wald.

Wir fanden ihn
ganz schön dunkel und unheimlich.
Fast so unheimlich wie Django.
Ich, der große Nick Nase,
hasse Fälle,
bei denen ich tapfer sein muss.
Trotzdem gingen wir
immer tiefer in den Wald.
Plötzlich hörten wir es knacken.

Jemand oder etwas kam
hinter uns her.
Das Knacken kam näher.
Es war Oliver.
Schnuffel und ich versteckten uns
hinter einem Baum.
Oliver ging tiefer in den Wald.
Schnuffel und ich
schlichen aus dem Wald hinaus.

Wir gingen zum Park
und setzten uns auf eine Bank.
Die Sonne schien.
Im Park war es hell.
Und sicher.
Mir gefiel es im Park.
Überall waren Pflanzen.
Lag hier irgendwo auch
der Schlüssel zur Lösung
des Falls?

Plötzlich sah ich jemanden
in einem Blumenbeet.
Es war Robert.
Er hatte wahrscheinlich
was verloren.
Robert verliert dauernd was.
Er kroch auf allen vieren.
„Hast du was verloren?“,
fragte ich.

„Einen Wurm“, sagte er.
„Er ist im Boden verschwunden.
Ich kann ihn nicht mehr sehen,
aber ich weiß, dass er da ist.
Er ist genau unter uns.
Hilfst du mir suchen?“
Es war eindeutig auch nicht
mein Tag.
Erst sollte ich
eine mickrige Pflanze finden
und jetzt einen unsichtbaren Wurm.
Ich fand,
es war höchste Zeit,
etwas Vernünftiges zu tun.
Ich beschloss,
nach Hause zu gehen
und mir Pfannkuchen
mit Schokocreme zu machen.

Ich liebe Pfannkuchen
mit Schokocreme.
Schnuffel bekam einen Knochen.
Dann dachte ich noch einmal
über alles nach:
Wenn ich Oliver loswerden wollte,
musste ich
seine wichtige Pflanze finden.

Aber ich steckte fest.
Ich wusste,
dass es keinen Weg gab,
auf dem die Pflanze
den Wintergarten
hätte verlassen können.
Trotzdem war sie nicht mehr dort.
Ich überlegte mir noch einmal,
was ich wusste:
Sylvi hatte die Pflanze

Super-Pflanze getauft.
Das war bestimmt nicht wichtig.
Die Pflanze hatte
eine gelbe Knospe.
Das war vielleicht wichtig.
Aber vielleicht auch nicht.
Die Pflanze war zum letzten Mal
auf dem Fensterbrett
in Olivers Wintergarten
gesehen worden.
Wo und wann und von wem
etwas zuletzt gesehen wurde,
ist immer wichtig.
Was genau hatte Oliver getan,
als die Pflanze verschwand?
Er hatte
in dem Pflanzenbuch gelesen.
Er hatte seine Pflanze angeschaut.

Und er hatte aufgehört
sie anzuschauen,
als er ins Haus ging,
um Wasser zu holen.
Ich überlegte,
was daraus folgte,
aber mir fiel nichts ein.
Dann dachte ich über Sylvi nach.
Die Idee mit den Pflanzen
war ganz schön verrückt.
Aber Sylvis Ideen
waren alle verrückt.
Ich dachte über ihr Notizbuch nach
und über die Gießkanne.
Hm.
Ich schaute Schnuffel zu,
wie er an seinem Knochen nagte.
Er hilft mir immer

bei meinen Fällen.
Aber diesmal hatte er nur
eine Gießkanne umgeschmissen.
Sylvis Gießkanne.
Hatte er mir damit
etwas sagen wollen?
Ich dachte über Robert nach
und seinen verschwundenen Wurm.

Und plötzlich wusste ich,
dass der Fall nicht unlösbar war.
Es gab Hinweise.
Eine Menge Hinweise sogar.
Ich musste nur noch mal
zu Oliver.
Das Leben eines Detektivs
kann hart sein.

Oliver saß im Wintergarten.
„Ich hab euch
im Wald verloren“,
sagte er.
„Hast du meine Pflanze
gefunden?“
„Ich bin nahe dran“, sagte ich.
Ich ging zum Fensterbrett.
„Wo ist dein Pflanzenbuch?“

„Ich hab’s zur Bücherei
zurückgebracht“, sagte Oliver.
„Dann muss ich,
der große Nick Nase,
auch dorthin.“
„Ich komm gleich nach“,
sagte Oliver.
„Das hab ich mir gedacht“,
sagte ich.
Schnuffel und ich rannten
zur Bücherei.

Schnuffel musste draußen bleiben.
Ich ging hinein.
Ich schaute bei
den Pflanzenbüchern
und fand
die Wunderbare Pflanzenwelt.
Es waren noch Olivers
braune Fingerabdrücke darauf.
Ich nahm das Buch aus dem Regal.
Ich schlug es auf.
Und ich fand,
was ich erwartet hatte:
Olivers Pflanze.
Sie lag platt gepresst
zwischen zwei Seiten.
Über der Seite,
an der sie ein bisschen festklebte,
stand:

Schritt drei:

Gib deiner Pflanze Wasser!

Olivers Pflanze sah nicht mehr
krank aus.
Sie war tot.
Ich löste sie vorsichtig
vom Papier
und stellte das Buch
ins Regal zurück.

Ich wusste, dass der Pflanze
nicht mehr zu helfen war.
Weder mit dem ersten,
noch mit dem zweiten,
noch mit dem dritten Schritt.
Als ich aus der Bücherei kam,
war Oliver schon da.
Ich musste seine Pflanze
mit zwei Händen halten,
als ich sie ihm zeigte,
sonst wäre sie zusammengeklappt.
„Hier ist sie“, sagte ich.
„Der Fall ist gelöst.“
„Wie hast du sie gefunden?“,
fragte Oliver.
„Es gab Hinweise“, sagte ich,
„eine Menge Hinweise:
Ich habe Robert gesehen,

wie er einen Wurm gesucht hat.
Er konnte ihn nicht sehen,
trotzdem wusste er,
dass der Wurm genau unter uns
in der Erde war.
Darüber habe ich nachgedacht.

Deine Pflanze war vielleicht auch
irgendwo drinnen,
vielleicht sogar ganz in der Nähe,
und wir konnten sie
nur nicht sehen.
Ich überlegte mir,
was in der Nähe
des Blumentopfs war.
Und da war nur das Buch
auf dem Stuhl.
Außerdem hast du

genau zur selben Zeit
in dem Buch gelesen,
als die Pflanze verschwand.
Als ich das Buch gesehen habe,
war es zugeschlagen.
Ich weiß es,
weil ich den Titel lesen konnte.
Das konnte ich nur,
weil es zugeschlagen war.
Aber es hätte
aufgeschlagen sein müssen,
weil du es noch gebraucht hast.
Darauf hat mich Sylvi gebracht.
Sie hat ihr Notizbuch zugeschlagen,
weil sie es nicht mehr
gebraucht hat.
Und warum war
dein Buch zugeschlagen,

obwohl du es noch gebraucht hast,
kannst du mir das sagen?“
Oliver zuckte mit den Achseln.
„Ich, der große Nick Nase,
sage dir warum:
Der Wind hat es zugeschlagen,
während du Wasser holen warst.“
„Na und?“, sagte Oliver.
„Er hat es zugeschlagen,
nachdem die Pflanze drin war!“,
sagte ich.
„Was?“, schrie Oliver.
„Und wie soll sie da
reingekommen sein?“
„Du hast sie runtergeschmissen“,
sagte ich.
„Mit dem Zertifikat
hinten in deiner Jeanstasche.

Als du dich umgedreht hast,
um Wasser holen zu gehen.
Schnuffel hat mich darauf gebracht,
als er Sylvis Gießkanne
umgeschmissen hat.“
Oliver schüttelte den Kopf.
„Dreh dich mal um“, sagte ich.
Oliver drehte sich um.

„Siehst du“, sagte ich.
„Das Zertifikat in deiner Tasche
reicht bis knapp
über den Blumentopf.“
„Ich weiß nicht“, sagte Oliver.
„Deine Pflanze
war krank und mickrig“,
sagte ich.
„Und sie steckte
in trockener Erde.
Du musstest sie nur streifen,
damit sie runterfiel.
Sie war ganz nah,
wir konnten sie nur nicht sehen.
Es war wie bei Robert
und seinem Wurm.“
„Hab ich’s nicht gleich gesagt?“,
sagte Oliver.

„Nie im Leben hat es
meine Pflanze nach China geweht.“
„Auch ein großer Detektiv
liegt hin und wieder falsch“,
gab ich zu.
Oliver starrte auf seine Pflanze.
„Sie sieht furchtbar aus“,
sagte er.

„Nie im Leben wächst die
in den Himmel.
Ich geh zu Sylvi
und verlange mein Geld zurück.“
„Tschüss, Oliver“, sagte ich.
Wenn ich was gern zu ihm sage,
dann ist es „Tschüss“.
„Ich komm später nach“,
sagte er.
„Lass dir Zeit“, sagte ich.
Schnuffel und ich
gingen zurück in unseren Garten.
Ich fing wieder an
Unkraut zu jäten.
Aber irgendwie hatte ich für heute
genug von Grünzeug.
Vielleicht konnte ich
Sylvi dazu kriegen,

dass sie sich ihre Pflanzen
aus meinem Garten holte.
Ich fand,
das war eine klasse Idee.
Ich selbst hatte nämlich
Besseres zu tun,
als mich um Grünzeug zu kümmern.
Ich ging zur Bücherei
und holte mir
einen astreinen Krimi:
Das Rätsel der Killerpflanze.

Marjorie Weinman Sharmat

Nick Nase und das verschwundene Kissen

Ich bin Nick Nase,

der große Detektiv.

Heute bin ich ein müder Detektiv.

Schnuffel ist auch müde.

Schnuffel ist mein Hund.

Wir haben gerade
einen nächtlichen Fall gelöst.
Es begann alles
vor ein paar Stunden.
Um zwei Uhr nachts.
Ich war nicht im Dienst.
Ich schlief in meinem Bett.

Schnuffel schlief in seinem.
Da klingelte das Telefon.
Ich wachte auf.
Wer rief mich wohl
mitten in der Nacht an?
„Hallo“, gähnte ich.

Es war Sylvi.
„Einer meiner Kopfkissen-Bezüge
ist weg",
sagte sie.
„Hilfst du mir ihn suchen?"
„Nein", sagte ich und legte auf.
Aber das Telefon klingelte wieder.
Ich nahm wieder ab.
„Nimm ein anderes Kissen",
sagte ich.
„Es geht nicht um mein Kissen",
sagte Sylvi.
„Es gehört einer meiner Katzen."
„Deine Katzen
schlafen auf Kopfkissen?"
„Natürlich", sagte Sylvi.
Ich gähnte.
„Und du denkst,

ich stehe mitten in der Nacht auf,
um den Überzug
für ein Katzenkissen zu suchen?“
„Ja“, sagte Sylvi.
„Ich dachte erst, die Katze
könnte ohne Kissenbezug schlafen,
aber sie kann's leider nicht.

Die läuft die ganze Zeit
im Zimmer hin und her
und hin und her
und hin und her …“
„Ich denke,
sie hat noch das Kissen“,
unterbrach ich Sylvie.
„Natürlich, darum braucht sie ja auch
den Bezug“, sagte sie.
Sylvi ist schon tagsüber
ein bisschen komisch.
Aber mitten in der Nacht
war sie noch
ein bisschen komischer.
Ich wusste, sie würde mich
nicht weiterschlafen lassen.
„Na schön“, sagte ich.
„Ich übernehme

den unheimlich wichtigen
Katzen-Kopfkissen-Überzug-Fall.“
Ich zog meinen Bademantel
und Hausschuhe an.

Dann schrieb ich einen Zettel
für meine Mutter:

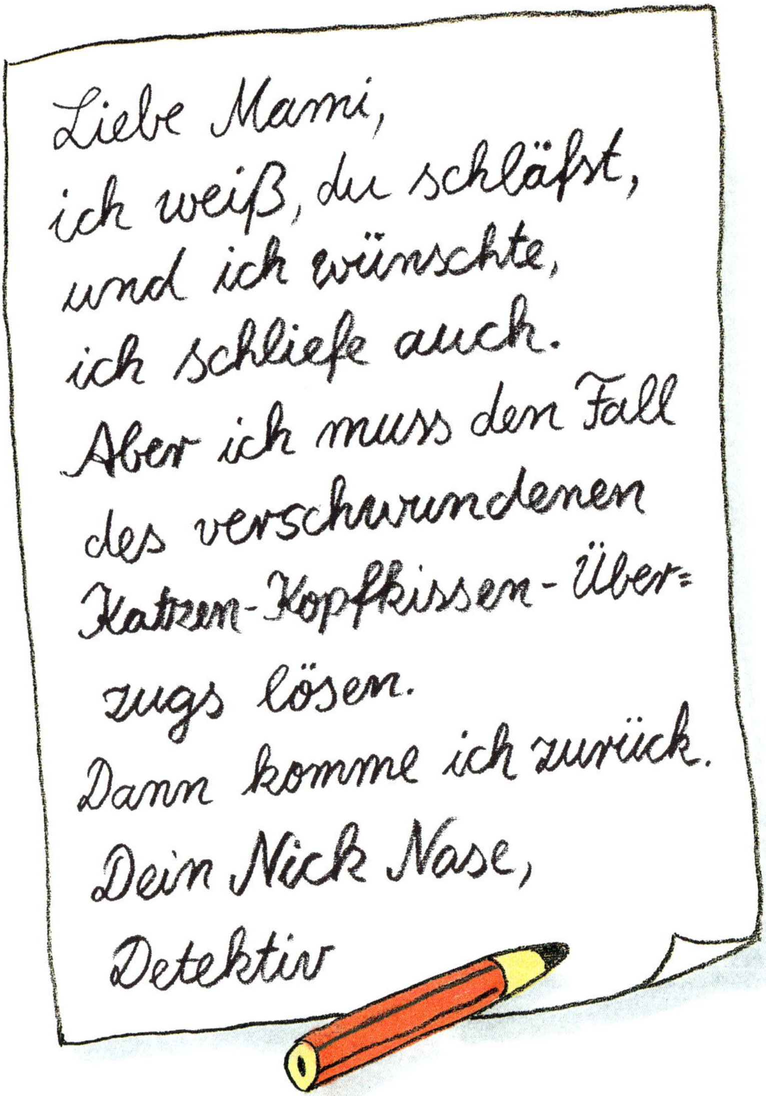

Schnuffel und ich gingen
hinaus in die Nacht.
Es war feucht und finster
und zum Fürchten.
Und kalt.

Wir gingen zu Sylvi.
Sylvi sah müde und komisch aus.
Nein, umgekehrt:
komisch und müde.

Ihre vier Katzen waren auch da.
Drei davon schliefen.
Nur einer,
der große von den zwei Katern,
lief im Zimmer auf und ab.
„Wie sieht sein Kissenbezug aus?“,
fragte ich.
„Sehr, sehr schön“,
sagte Sylvi.
„Ich hab ihn selbst gemacht.
Jede meiner Katzen hat so einen.
Sie sind weiß
mit Löchern an der Seite
und haben schöne Bändchen
zum Zuschnüren.“
Sylvi zeigte
auf die schlafenden Katzen:
„Siehst du, so.“

„Du meinst,
der verschwundene Bezug
sieht ganz genauso aus?“,
fragte ich.
„Natürlich nicht“, sagte Sylvi.
„Der Große spielt gern mit seinem.
Er ist schon ganz zerrissen
und zerfetzt,
und dauernd
muss ich ihn waschen.

Er ist schon ganz eingelaufen
und verschrumpelt.
Das Bändchen hat er
gleich am Anfang aufgefressen,
das ist weg."
„Fassen wir also zusammen",
sagte ich, als sie fertig war.
„Der verschwundene
Kopfkissen-Bezug
ist zerrissen und zerfetzt,
eingelaufen und verschrumpelt,
und an einer Seite sind Löcher.
Aber du willst ihn trotzdem zurück?"
Sylvi lächelte.
„Der Große hängt so an ihm."
„Wann hast du ihn zuletzt gesehen?",
fragte ich.
„Heute Nachmittag", sagte Sylvi.

„Ich hatte heute
Katzensachen-Waschtag,
musst du wissen.
Ich hatte vier Wäschebeutel voll.
Einen für jede Katze.
Ich hab alles gewaschen,
sogar die Wäschebeutel.

Dann hab ich die Sachen
zum Trocknen auf die Leine
draußen im Garten gehängt."
„Auch die Katzenkissen-Bezüge?"
„Natürlich", sagte Sylvi.
„Und gleich danach sind
Nina und Django gekommen."
Falls es jemand nicht weiß:
Django ist Ninas Monsterhund.
„Ich hab Nina erzählt",
fuhr Sylvi fort,
„dass ich gerade
Haustierwäsche wasche,
und sie meinte,
da könnten wir doch
Djangos Sachen mitwaschen.
Wir haben ihm
seinen Pulli ausgezogen

und das Halstuch,
das Nina ihm immer umbindet.
Dann haben wir
die Sachen auch gewaschen
und zum Trocknen aufgehängt."
„Und?"
„Als alles trocken war, haben wir's
in meinen Wäschekorb gepackt."
„Auch die vier
Katzenkissen-Bezüge?"

„Ja.“
„Und weiter?“
„Ich hab den Korb ins Haus getragen
und alles auf mein Bett
geschmissen.
Dann wollten Nina und ich
Django wieder anziehen.
Ich schwöre,
das tu ich nie wieder.“
„Wieso?“
„Django hat mir seine Zähne gezeigt.
Alle auf einmal!“
„Und?“
„So schnell war ich noch nie
aus meinem Schlafzimmer.
Von draußen hab ich dann
Nina gefragt,
ob sie Djangos Sachen

nicht lieber mitnehmen will
und Django zu Hause anziehen.
Das fand sie eine gute Idee."
„Hast du dich danach wieder
um die Katzenwäsche gekümmert?",
fragte ich.
„Nein. Meine Katzen waren müde,
also hab ich sie gefüttert.

Und danach hab ich ihnen
was vorgelesen."
„Du liest deinen Katzen vor?"
„Ja, fünf Minuten täglich."
„Und wann hast du dich wieder
um die Wäsche gekümmert?"
„Kurz vorm Schlafengehen.

Erst hab ich natürlich
nach den Nachtsachen geschaut:
den Kissenbezügen
und Nachthemden.
Da hab ich gemerkt,
dass ein Kissenbezug fehlt.
Und ein Nachthemd.
Das von der kleinsten
von meinen Katzen.“
„Es fehlt auch noch
ein Katzen-Nachthemd?“
„Nein. Ich weiß, wo es ist.
Nina hat es aus Versehen
mitgenommen.
Zusammen mit Djangos Sachen.“
„Aha! Und wahrscheinlich
hat sie den Kissenbezug
auch mitgenommen.“

„Bestimmt nicht“, sagte Sylvi.
„Ich hab sie angerufen.
Kurz bevor ich
dich angerufen habe.“
„Du hast sie auch
mitten in der Nacht geweckt?“
„Klar. Darum weiß ich ja,
dass sie das Nachthemd
von meiner kleinsten Katze
mitgenommen hat,
aber nicht den Kissenbezug.
Hab ich alles selbst rausgekriegt.
Vielleicht mach ich auch mal
ein Detektivbüro auf.“
Ich, der große Nick Nase, gähnte.
„Wenn das so ist,
hast du hiermit deinen ersten Fall“,
sagte ich.

„Was Schnuffel und mich betrifft,
wir gehen wieder schlafen."
„Warte!", sagte Sylvi.
„Ich glaube,
ich bin noch nicht so weit.
Nein, bestimmt nicht.
Es ist dein Fall."

„Schön“, sagte ich.
„Wenn ich es recht sehe,
gibt es nur zwei Möglichkeiten:
Entweder der Kissenbezug
ist noch in deinem Schlafzimmer,
oder du hast ihn
irgendwo zwischen der Wäscheleine
und deinem Schlafzimmer verloren.“
Schnuffel und ich
suchten erst drinnen.

Dann suchten wir draußen.
Nichts.
Ich sagte: „Sag mir,
war noch irgendjemand
in deinem Schlafzimmer?"
„Nur Nina und Django
und meine vier Katzen."
„Na schön.
Dann muss ich jetzt zu Nina.
Ruf sie bitte an und sag ihr,
dass ich komme."
Schnuffel und ich
gingen hinaus in die Nacht.
Es war noch kälter geworden.
Ich zog den Gürtel
meines Bademantels enger
und knipste
die Taschenlampe an.

Vielleicht hatte Nina
den Kissenbezug mitgenommen,
ohne es zu merken.
Vielleicht hatte sie ihn
auf dem Nachhauseweg verloren.
Aber ich konnte leuchten,
wohin ich wollte,
es war kein Kissenbezug
zu sehen.
Nina wartete schon auf uns.
Django auch.
Er trug einen Schlafanzug
und eine Nachtmütze.
Er besaß also ein Kleidungsstück
mehr als ich.
Als er gähnte,
sahen seine Zähne
noch größer aus als sonst.

Nina sagte: „Ich weiß,
warum du hier bist,
aber ich hab den Kissenbezug nicht.
Ich sag dir, wie alles war:

Django und ich gingen zu Sylvi.
Django trug sein Halstuch
und den Pulli, den ich ihm
zum Geburtstag geschenkt habe.
Es sah richtig schick aus.
Aber als Sylvi seine Sachen
gewaschen hatte,
wollte er sie nicht mehr anziehen.

Er hat Sylvi angeknurrt
und sie ist
aus dem Zimmer gelaufen.
Da hab ich seine Sachen
in einen von Sylvis Wäschesäcken
gesteckt
und wir sind
nach Hause gegangen.“
„Aha!“, sagte ich.
„Du hattest es also eilig.“
„Ja. Darum hab ich auch
das eine Katzen-Nachthemd
mit eingepackt.
Ich hab’s gefunden,
als Sylvi mich angerufen hat.
Es war in dem Wäschesack,
zusammen mit Djangos Halstuch
und seinem Pulli.

Morgen geh ich bei ihr vorbei
und bring ihr das Nachthemd
und den Wäschesack."
„Könntest du auch
den Kissenbezug
eingesteckt haben?
Nur aus Versehen, meine ich."
Nina zuckte die Achseln.
„Keine Ahnung.
Ich weiß nur, dass er nicht
in dem Wäschesack ist."
„Warst du unterwegs
noch irgendwo?",
fragte ich.
„Ja, bei meinem Onkel Paul,
der den Schnellimbiss hat.
Er hebt immer Knochen
für Django auf."

„Aha!“, sagte ich.
„Fassen wir zusammen:
Der Kissenbezug
könnte genau drei Mal
aus dem Wäschesack gefallen sein:
auf dem Weg von Sylvi
zu Onkel Pauls Imbiss,
in Onkel Pauls Imbiss
oder auf dem Weg
von Onkel Pauls Imbiss
zu dir nach Hause.

Welchen Weg zum Imbiss
und vom Imbiss nach Hause
hast du genommen?“
„Den kürzesten“, sagte Nina.
„Einfach hinter Django her.
Hunde nehmen immer
den kürzesten Weg.“

Schnuffel wedelte mit dem Schwanz.
Er freute sich schon
auf den Imbiss.
Ich dankte Nina für ihre Hilfe.
Dann gingen Schnuffel und ich
wieder hinaus in die Nacht.

Es war noch kälter geworden.
Und noch finsterer.
„Zu Onkel Pauls Imbiss“,
sagte ich zu Schnuffel.
Schnuffel ging voran.
Ich knipste die Taschenlampe an.
Vom Kissenbezug keine Spur!

Wir kamen beim Imbiss an
und gingen hinein.
Als der Mann hinter der Theke
Schnuffel sah, sagte er:
„Heute scheinen alle Hunde
der Stadt vorbeizuschauen,
aber du hast Glück:
Ich hab noch
einen großen
Knochen übrig.“

Ich sah, dass auf der Tafel
mit den Angeboten des Tages
Pfannkuchen standen.
Das machte mich ganz unglücklich.
Ich hatte nämlich kein Geld.
Aber vielleicht ging es auch ohne.

„Ich bin Nick Nase,
der große Detektiv.
Onkel Paul kennt mich gut.
Ich hätte gern fünf Pfannkuchen
und ein paar Auskünfte, bitte.
Ich bezahle morgen.
Im Augenblick muss ich noch
den Bezug für ein Katzenkissen
suchen."
Der Mann lächelte
und drehte sich um.
Ich sah, dass er
meine Pfannkuchen zubereitete.
Aus seiner Gesäßtasche
hing ein weißes Tuch.
Hmmm.
Ich beugte mich über die Theke,
um es mir genauer anzusehen.

Da nahm der Mann das Tuch
und wischte die Theke damit.
Das Tuch war klein
und verschrumpelt
und hatte
jede Menge Löcher.

War das der Kissenbezug,
den ich suchte?
War der Fall gelöst?
Der Mann stellte einen Teller
mit einem Stapel Pfannkuchen
vor mir auf die Theke.

Ich aß und dachte nach.
Nina musste den Bezug

aus Versehen
in den Wäschesack gesteckt haben.
Und hier im Imbiss
war er herausgefallen.
Der Mann hinter der Theke
hatte ihn gefunden
und für einen Putzlappen gehalten.
Das war meine Theorie
über den Fall.
Aber ein großer Detektiv
braucht Gewissheit.
Ich musste mir
den Putzlappen
aus der Nähe ansehen.
Der Mann steckte ihn gerade
in seine Gesäßtasche zurück.
Ich beugte mich über die Theke
und zog ihn wieder heraus.

Ich weiß nicht,
ob ein Detektiv so etwas darf.
Aber ich tat es.
Ich untersuchte den nassen Lappen.
Ich suchte die Seite,
wo man das Kissen hineinsteckt.

Aber ich fand sie nicht.
Das nasse Ding
war kein Kissenbezug.
Es war ein Putzlappen,
weiter nichts.
Ich steckte ihn vorsichtig
dorthin zurück,
wo ich ihn herausgezogen hatte.
Es war Zeit zu gehen.
Aber Schnuffel nagte noch
an seinem Knochen.
„Haben Sie eine Tüte?“,
fragte ich.
Der Mann gab mir eine
und ich steckte den Knochen hinein.
„Du kannst ihn zu Hause
fertig essen“,
sagte ich zu Schnuffel.

Dann gingen wir zusammen
hinaus in die kalte, finstere Nacht.
„Jetzt müssen wir den Weg
von hier zu Sylvi nehmen“,
sagte ich.
„Du gehst voran.“
Schnuffel und ich gingen
endlos lange.
Eine Ewigkeit.
Aber keine Spur
von einem Kissenbezug.
Ich sah den Mann,
der die Zeitungen austrägt.
Ich hörte den Milchmann
Flaschen vor die Türen stellen.
Ich sah die Sonne aufgehen.
„Der Mond geht
und die Sonne kommt,

und ich habe diesen Fall
immer noch nicht gelöst“,
sagte ich.
Schnuffel schnüffelte
schon eine ganze Weile
an der Tüte mit dem Knochen.
Jetzt schnappte er plötzlich
nach ihr.
Ich gab sie ihm
und er biss hinein.

Er zerriss die Tüte
mit den Zähnen,
bis er seinen Knochen
wiederhatte.
Ich hob die Überreste
von der Tüte auf
und nahm sie mit,
um sie irgendwo
in den Papierkorb zu werfen.

War Schnuffel so hungrig
oder wollte er mir etwas sagen?
Wo war der Kissenbezug?
Er war nicht bei Sylvi
und er war nicht
in dem Wäschesack,
den Nina mitgenommen hatte.
Wir hatten ihn nicht
auf der Straße gefunden
und nicht in Onkel Pauls Imbiss.
Vielleicht gab es etwas,
was Sylvi und Nina
mir nicht erzählt hatten.
Aber hatten sie mir nicht
ganz genau dasselbe erzählt?
Darüber, was bei Sylvi
passiert war?
Doch, das hatten sie.

Außer …

Genau!

Da war eine winzige Kleinigkeit!

„Komm!“, sagte ich zu Schnuffel.

Wir rannten zurück zu Nina,

obwohl das nicht einfach war.

Hausschuhe sind nun mal

nicht zum Rennen gemacht.

Nina war noch auf.

Darüber war ich froh.

Django schlief tief und fest.
Darüber war ich genauso froh.
„Ich, der große Nick Nase,
weiß, wo der Kissenbezug ist“,
sagte ich.
„Du hast ihn!“
„Bestimmt nicht“, sagte Nina.
„Er ist nicht im Wäschesack.“
„Und ich, der große Nick Nase,
sage dir,
er ist nicht im Wäschesack,
weil er der Wäschesack ist!
Du hattest es eilig,
als du von Sylvi
weggegangen bist.
Du hast schnell etwas genommen,
was du für einen Wäschesack
gehalten hast.“

„Es sah jedenfalls wie einer aus“,
sagte Nina.
„Es war an einem Ende offen
und hatte Löcher,
in die normalerweise ein Band
zum Zuschnüren gehört.
Es hat nur gefehlt.“
„In dem Fall sind es Löcher
für ein Seidenbändchen,
aber das spielt jetzt keine Rolle“,
sagte ich.
„Zeig mir den Wäschesack.“
Nina ging aus dem Zimmer
und kam mit etwas Weißem zurück,
das zerrissen, zerfetzt, eingelaufen
und verschrumpelt aussah.
An einem Ende hatte es Löcher.
„Das ist der Bezug des Kissens

von Sylvis großem Kater“,
sagte ich.
„Ich habe so sehr
darüber nachgedacht,
was du von Sylvi
mitgenommen hast,
dass ich nicht daran gedacht habe,
worin du es mitgenommen hast.

Schnuffel hat mich darauf gebracht.
Er war vorhin so verrückt
nach seinem Knochen,
dass ihm die Tüte,
in der der Knochen steckte,
ganz egal war.
Genauso war es bei mir.
Wir sind Partner, weißt du,
und Partner denken oft
ganz genau gleich."
Schnuffel wedelte mit dem Schwanz.
„Wir haben ganz genau gleich
falsch gedacht",
sagte ich.
Schnuffel steckte den Kopf
zwischen die Vorderbeine.
„Aber wie konntest du wissen,
dass der Wäschesack

kein Wäschesack war?“,
fragte Nina.
Ich lächelte.
„Sylvi dachte, du hättest alles
in einen von ihren Wäschesäcken
gesteckt.
Und jetzt kommt
die entscheidende Frage:
Wieso hat Sylvi
keinen Wäschesack vermisst?

Die Antwort lautet:
Weil du nie
einen genommen hast!“
Nina starrte den Kissenbezug an.
„Der große Kater
schläft wirklich darauf?“,
fragte sie.
„Das Ding ist so unglaublich
hässlich.“

Sie warf mir den Kissenbezug zu.
„Django würde nie im Leben
auf so etwas Hässlichem schlafen."
Als Django seinen Namen hörte,
wachte er auf.
Mir schien es ganz so,
als hätte er auch
Schnuffels Knochen
und die Tütenreste in meiner Hand
gerochen.
„Ich wünsche schöne Träume
allerseits!", sagte ich.
„Gleichfalls!", sagte Nina.
Django knurrte.
Schnuffel und ich gingen zu Sylvi.
Ganz langsam.
Hausschuhe sind, glaube ich,
überhaupt nur für zu Hause gemacht.

„Der Fall ist gelöst“,
sagte ich zu Schnuffel.
„Jetzt kann der große Kater
endlich schlafen.
Und ich, der große Nick Nase, auch.“
Wir klingelten bei Sylvi
und warteten.
Wir klingelten noch mal
und warteten wieder.
Dann machte Sylvi auf.
Sie stand in der Tür
und gähnte.
„Ihr habt mich geweckt“,
beschwerte sie sich.
„Ich, der große Nick Nase,
habe deinen Fall gelöst“,
sagte ich und gab ihr
ihren Katzen-Kopfkissen-Bezug.

„Nina hat ihn
aus Versehen mitgenommen.
Sie dachte,
es wäre ein Wäschesack."
„Danke", sagte Sylvi.

„Da wird der Große morgen
wieder prima schlafen."
„Morgen? Wieso nicht heute?",
fragte ich.
„Oh, er war so müde,
vom vielen Hin-und-her-Laufen",
sagte Sylvi.
„Gleich als ihr weg wart,
ist er eingeschlafen.
Gute Nacht, ihr beiden!"
Sie drehte sich um
und warf die Tür ins Schloss.
Ich war einen Augenblick
echt sauer.
Dann war ich wieder froh,
dass der Fall gelöst war.
Schnuffel und ich
gingen nach Hause.

Wir gingen wieder in unsere Betten.

Es war toll.

Dann klingelte das Telefon.

Ich, der große Nick Nase,

nahm den Hörer ab.

Ich wusste genau,

was ich sagen würde:

„Sie haben falsch gewählt!“

Fabian Lenk

Die falsche Fährte

Das war ein spannender Tag:
erst die Kanutour
und dann der Besuch
in der Tropfsteinhöhle.
Müde schlurfen Fenja und Marie
hinter Jakob her.
Jakob ist der Leiter
ihrer Pfadfindergruppe.
Er führt die Kinder zurück
zum Campingplatz.

Dort fallen Fenja und Marie
erschöpft auf ihre Schlafsäcke.
Plötzlich schreit Jakob:
„Unser Geld ist weg!"
Fenja und Marie springen auf.
Sie finden Jakob
im Gemeinschaftszelt.
Er hat eine leere Dose
in der Hand.
„Da war unser Geld drin!",
jammert er. „Ich wollte es nicht
zur Kanutour mitnehmen
und habe es
hier im Zelt versteckt."

Fenja und Marie sind sich einig:
Sie werden den Dieb finden.
Die Mädchen gehen
um das Zelt herum.
„Schau mal", ruft Fenja
und zeigt auf einen Schlitz.
„Da hat der Täter
das Zelt aufgeschnitten."
Marie entdeckt Fußspuren.
„Mann, der Täter hat aber
Quadratlatschen!", ruft sie.

Fenja holt Papier und Stift.
Sie zeichnet den Fußabdruck ab.
„Das nennt man Spurensicherung“,
erklärt sie. „Habe ich mal
im Fernsehen gesehen.“
„Und jetzt?“, fragt Marie.
„Wie müssen nur schauen,
wem die Schuhe gehören.
Dann haben wir den Täter!“,
ruft Fenja.

Sofort suchen die Mädchen
den Zeltplatz ab.
Bald werden sie fündig.
Das Profil von Jakobs Schuhen
stimmt mit den Abdrücken
am Tatort überein!

„Aber Jakob war's nicht",
sagt Fenja.
„Er war mit uns beim Ausflug."

Sie untersucht die Schuhe.
Innen stecken Papierschnipsel
aus einer Fußballzeitung.
Marie schnippt mit den Fingern.
„Jemand hat Jakobs Schuhe
mit Papier ausgestopft,
damit sie ihm passen.
Dann ist er zum Zelt geschlichen
und hat das Geld gestohlen.
Der Verdacht sollte
auf Jakob fallen!“

Wer könnte etwas Verdächtiges
gesehen haben?
Vielleicht Frau Mahler?
Ihr gehört der Campingplatz.
Fenja und Marie gehen zu ihr.
Frau Mahler hat es sich
mit einem Modemagazin
im Liegestuhl gemütlich gemacht.
„Uns wurde etwas gestohlen“,
sagen die Mädchen.
„Ist Ihnen
etwas Verdächtiges
aufgefallen?“

Frau Mahler ist entsetzt.
„Was, ein Dieb
auf meinem Zeltplatz?
Ich war einkaufen und kam erst
vor kurzem wieder“, sagt sie.
„Leider habe ich nichts gesehen.“

Wer könnte noch etwas
beobachtet haben?
Vielleicht der kleine Herr Jüpner,
der im Kiosk Süßigkeiten verkauft?
„Uns wurde etwas gestohlen!“,
wiederholen die Mädchen.
„Haben Sie
etwas Verdächtiges gesehen?“

„Nein“, erwidert Herr Jüpner.
Kopfschüttelnd legt er
die Fußballzeitung beiseite.
„Das ist ja schrecklich.
Ohne das Geld könnt ihr ja
keine Ausflüge mehr machen.“

Betrübt gehen die Mädchen zurück.
Plötzlich schlägt sich Fenja
mit der Hand gegen die Stirn.
„Was hast du?“, fragt Marie.
Fenja grinst. „Ich weiß,
wer das Geld gestohlen hat!“

Wen hat Fenja in Verdacht?
Die Lösung findest du auf Seite 168.

Fabian Lenk

Der stumme Tom

Urlaub auf dem Land,
das ist doch schön!
Finden jedenfalls Fynns Eltern.
Deshalb schicken sie Fynn
zum dicken Onkel Twister.
Onkel Twister lebt mitten
auf dem platten Land.
Die höchste Erhebung
ist eine Kuh, wenn sie aufsteht.

Onkel Twister hat
ein windschiefes Hotel.
Aber seit einiger Zeit
kommen kaum noch Gäste.
Nur die alte Frau Stratebier
hat ein Zimmer gemietet.
„Voll öde hier“, jammert Fynn.
„Willst du nicht angeln?“,
fragt Onkel Twister.
„Oder Rad fahren?“

„Nö!“, gähnt Fynn.
„Nicht schon wieder.“
Onkel Twister seufzt:
„Früher war’s hier
nicht so langweilig.
Als Tom noch da war.“
„Wer?“, fragt Fynn.
„Der stumme Tom,
der hat hier rumgespukt“,
erklärt Onkel Twister.

„Ein echtes Gespenst,
hier im Hotel?“, fragt Fynn erstaunt.

„Ja“, sagt Onkel Twister.
„Meine Gäste waren begeistert,
denn Tom war eine Attraktion:

Er ließ Spinnen regnen.
Oder kegelte mit seinem Kopf.
Heiliges Kanonenrohr,
hier war was los:
wie im Gruselkabinett!“

„Klingt echt spannend“, findet Fynn.“Aber wieso kommt Tom nicht mehr?“

„Eines Tages war er einfach weg“, jammert Onkel Twister.

„Ich habe überall gesucht. Aber keine Spur!

Und ohne Gespenst ist es den Gästen hier zu langweilig. Niemand kommt mehr!“

„Du brauchst einfach eine neue Attraktion“, meint Fynn.

Onkel Twister runzelt die Stirn.
Doch plötzlich leuchten
seine Augen.
In dieser Nacht
schläft Fynn erst spät ein.
Immer muss er
an den stummen Tom denken.
Kurz nach Mitternacht
weckt ihn ein grässlicher Schrei.
Fynn springt aus dem Bett.

Er rennt zur Tür.
Draußen steht Frau Stratebier.
Sie ist weiß wie Quark.
„Ein Gespenst!“, stammelt sie.
Dann fällt sie in Ohnmacht.
Am nächsten Tag ist alles anders.
Gar nicht mehr öde!
Polizisten sind da
und Leute von der Zeitung –
alle wegen dem Gespenst!

Drei Tage später kommen auch
neue Hotelgäste.
Sie lieben den Nervenkitzel.
Onkel Twister hat viel zu tun.
Er hüpft von Gast zu Gast
wie ein riesiger Flummi.
„Was für ein Gespenst
das wohl ist?“, grübelt Fynn.
„Na, der stumme Tom“,
sagt Onkel Twister und strahlt.
„Er ist endlich zurückgekommen!“
Den will Fynn unbedingt sehen.

In der nächsten Nacht
legt er sich auf die Lauer.
Als es Mitternacht schlägt,
hört Fynn plötzlich Schritte.
Sie kommen direkt auf ihn zu!
Fynn macht sich ganz klein.
Sein Herz hämmert.

Vorsichtig späht Fynn
hinter der Truhe hervor.
Eine Gestalt schleicht
im Dunkeln an ihm vorbei.
Das muss der stumme Tom sein!
Da stolpert die Gestalt und flucht:
„Heiliges Kanonenrohr.“

Dann beginnt der Spuk:
Türen schlagen
wie von Geisterhand,
grässliche Schreie erschallen
und ein irres Lachen.
Die Hotelgäste finden
es schaurig schön.

Am nächsten Morgen
fragt Onkel Twister:
„Hast du gut geschlafen?“
„Nö“, sagt Fynn.
„War ja auch mächtig was los.“
„Na ja“, meint Onkel Twister.
Fynn grinst: „Tu doch nicht so!“
„Was meinst du damit?“,
will Onkel Twister wissen.

„Du steckst doch
hinter dem ganzen Spuk“,
flüstert Fynn. „Weil du Gäste
für dein Hotel brauchst.
Aber keine Angst,
ich verrate dich nicht.
Sonst wird’s hier
ja wieder langweilig!“

Warum weiß Fynn,
dass es Onkel Twister war?
Die Lösung findest du
auf Seite 168.

Fabian Lenk

Das Bootsrennen

Mein Boot ist schnittig
und hat ein großes Segel.
Es ist so groß
wie ein Schuhkarton.
Papa und ich
haben das Boot gebaut.
Ich habe es **Wellenreiter** genannt.

Denn es schwimmt nicht
einfach so auf dem Wasser.
Es tanzt darüber hinweg.
Bestimmt werden wir heute
bei dem Bootsrennen gewinnen.
Wir stehen am Ufer des Sees.
Viele andere Kinder sind da.

Auch Marcel.
Den kann ich nicht leiden.
Marcel hat eine große Klappe.
Er ist der Größte – sagt er.
Und natürlich ist seine **Möwe**
das schnellste Boot – sagt er.
Zwanzig Boote sind am Start.

Es gibt schlanke Segler,
schiefe Kähne und dicke Pötte.
Kräftig bläst der Wind aus West,
wo der Ort Jennerhausen liegt.
Der Preisrichter ruft:
„Wessen Schiff bis morgen Abend
am weitesten fährt,
der gewinnt ein Schlauchboot!“
Jeder von uns hat einen Zettel
in sein kleines Boot gesteckt.
Darauf steht:

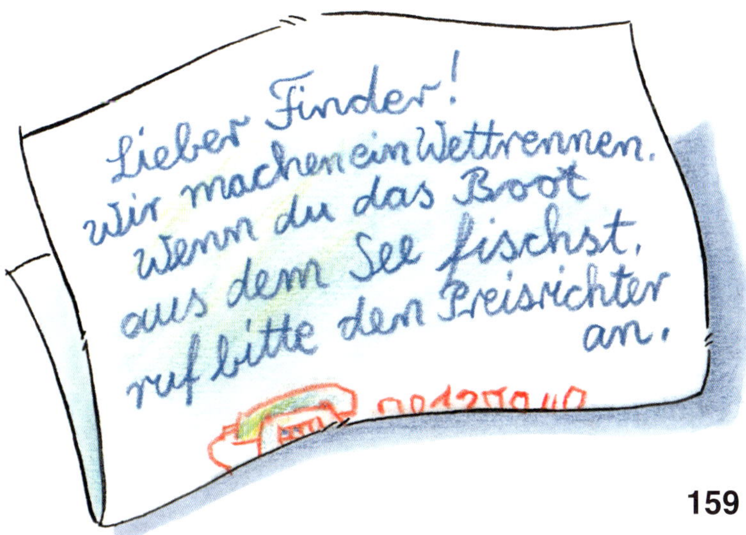

Dann folgt die Telefonnummer.
Der Startschuss fällt!
Ich schiebe mein Boot ins Wasser.
Das Segel bläht sich.
Der Westwind treibt mein Boot
rasch Richtung Osten,
wo die Stadt Langelo liegt.

Auch die anderen Boote legen ab.
Einige kommen schnell voran,
manche langsam,
einige saufen blubbernd ab.
Alle feuern ihre Boote an.
Marcel schreit am lautesten.
Das nützt ihm aber nichts!
Mein **Wellenreiter** liegt
vor Marcels **Möwe** an erster Stelle.
Langsam werden die Boote kleiner.
Am Ufer kehrt Ruhe ein.
Ich drücke meinem **Wellenreiter**
die Daumen – ganz fest!

Marcel lacht laut und blöd:
„Das Schlauchboot gehört mir!
Wetten?“
Ich zeige ihm einen Vogel.

Am nächsten Abend
treffen sich alle wieder.
Immer noch pfeift
der Wind aus West.
Ich bin wahnsinnig aufgeregt.
Heute wird der Sieger gekürt.
Hat es mein **Wellenreiter**
geschafft?

„Nur zwei Boote
wurden gefunden“,
ruft der Preisrichter feierlich.
„Auf Platz zwei
kam der **Wellenreiter**!
Er erreichte Langelo.
Das ist zwei Kilometer entfernt.“
Es gibt jede Menge Beifall.
Ich bin ein wenig stolz.
Und traurig, weil mein Boot
nicht gewonnen hat.
Papa streicht mir über den Kopf.

„Auf Platz eins kam die **Möwe**“, verkündet der Preisrichter.
„Dieses Boot schwamm bis nach Jennerhausen.
Das sind drei Kilometer!“
Jetzt gibt es noch mehr Beifall.
Marcel bekommt den Preis.
Ein nagelneues Schlauchboot!
Marcel grinst.

Ich könnte platzen vor Neid.
Später sitzen Papa und ich
in einer Eisdiele.

„Der zweite Platz ist auch toll“,
sagt Papa tröstend.
„Nö!“, brummele ich.
„Dafür gibt’s kein Schlauchboot.“

Der Wind pfeift um meine Ohren.
Immer noch aus West,
dort, wo Jennerhausen liegt.
Da bin ich mir plötzlich sicher:
Etwas ist faul an Marcels Sieg.
Nur was?
Ich grüble vor mich hin.
Dann habe ich es:
Marcel hat geschummelt!

Woran habe ich gemerkt,
dass Marcel geschummelt hat?
Die Lösung findest du auf Seite 168.

Die falsche Fährte

Fenja hat den kleinen Herrn Jüpner in Verdacht. Jakobs Schuhe wurden mit Papierschnipseln aus einer Fußballzeitung ausgestopft. Und Herr Jüpner liest gerade in einer Fußballzeitung. Außerdem weiß er, dass Geld gestohlen wurde. Von Geld war aber gar nicht die Rede, sondern nur ganz allgemein von einem Diebstahl!

Der stumme Tom

Tom war doch stumm – aber die Gestalt im Hotel flucht laut: „Heiliges Kanonenrohr!“ Worte, die auch Onkel Twister verwendet!

Das Bootsrennen

Der Wind bläst beim Start und am nächsten Tag aus West. Dann kann die Möwe unmöglich Jennerhausen erreicht haben. Denn Jennerhausen liegt westlich vom Startplatz der Boote. Um dorthin zu gelangen, hätte die Möwe gegen den Wind segeln müssen.

Marjorie Weinman Sharmat hat über 130 Bücher für Kinder und Jugendliche geschrieben.
Berühmt wurde sie vor allem durch die Nick Nase-Serie. Inspiriert von ihrem Vater Nathan „Nate“ Weinman schuf sie die liebenswerte Figur des kleinen Detektivs Nate the Great („Nick Nase“). Einige der Bücher schrieb sie gemeinsam mit ihrem Mann Mitchell, andere mit ihrem Sohn Craig und eines mit ihrer Schwester Rosalind. Allein in den USA sind bislang über eine Million Nick Nase-Bücher verkauft worden.

Detlef Kersten stammt aus Berlin. Dort studierte er Grafikdesign und Erziehungswissenschaften, bevor er sich 1975 selbstständig machte.
Von 1975 bis 2000 war er zudem als Grafiker, Redakteur und Art Director der Zeitschrift „Spielen und Lernen“ tätig. Für den Leseraben illustrierte er u. a. die „Nick Nase“ Bände.
Heute lebt er mit seiner Frau in der Nähe von Hannover. Einen Wellensittich besitzt er nicht, wohl aber einen Hund, eine Katze und mehrere Hühner.

Fabian Lenk liebt Musik, Brettspiele, Fußball und den Nervenkitzel. Deshalb denkt er sich gerne spannende Geschichten aus. 1996 erschien sein erster Kriminalroman für Erwachsene, dem fünf weitere folgten.
Inzwischen schreibt er ausschließlich für Kinder und Jugendliche und hat zahlreiche historische Romane, Mitrategeschichten und Krimis veröffentlicht.

Wilfried Gebhard hat Grafik und bildende Kunst studiert. Danach arbeitete er zunächst in einer Werbeagentur, aber dort waren seiner Fantasie zu viele Grenzen gesetzt: Auf dem Papier entstand ein Cartoon nach dem anderen. Sie erschienen bald in zahlreichen Magazinen und Zeitschriften. Und weil Wilfried Gebhard so viel Spaß daran hatte, zeichnet er nur noch, besonders gerne für Kinder.

Leserätsel
mit dem Leseraben

Lese-Detektive aufgepasst!

Die **Rabenstarken Detektivgeschichten** sind hier zu Ende. Aber der Leserabe hat sich zu jeder Geschichte ein kniffliges Leserätsel ausgedacht. Wenn du die Geschichten gelesen hast, kannst du die Rätsel unter Garantie lösen. Ob du richtig gerätselt hast, kannst du anschließend ganz hinten im Buch nachsehen, bei den Auflösungen.

Aber jetzt kommt's erst noch! In jedem Rätsel findest du ein rotes Feld mit einer Nummer. Wenn du die dazugehörigen Buchstaben sammelst, erhältst du ein Lösungswort, das mit Detektiven zu tun hat:

1	2	3	4

Mit diesem Lösungswort kannst du am Leseraben-Gewinnspiel teilnehmen. Weitere Infos dazu findest du am Ende der Rätsel auf S. 186.

Kleines Anfangsrätsel zum Aufwärmen

Bevor es mit den richtig großen Leserätseln losgeht, hat sich der Leserabe ein kleines Rätsel zum Aufwärmen für dich ausgedacht.

Für Detektive sind Geheimschriften sehr wichtig. Um diese Geheimschrift zu lesen, könnte ein Spiegel nützlich sein.

Nick Nase und die Super-Pflanze

(Seite 5–61)

Schnuffel sucht im Garten einen Knochen. Du kannst ihm bei der Suche helfen, indem du die Fragen zur Geschichte beantwortest und die Antworten in die Kästchen schreibst. Das grau markierte Kästchen gibt dir jeweils eine Himmelsrichtung an. N bedeutet Norden, S bedeutet Süden, O bedeutet Osten und W bedeutet Westen. Für jede Frage schickst du Schnuffel auf S.176 einen Meter in die angegebene Himmelsrichtung. Der Knochen ist dort vergraben, wo Schnuffel nach der letzten Frage steht.

1. Was sucht Sylvi für die Pflanzen, die niemand haben will? (Seite 10)

2. Was ist auf Sylvis Pflanzen-Zertifikat unten links? (Seite 11)

	2				

3. Was hätte Robert der Pflanze im dritten Schritt seines Gesundmach-Plans geben müssen? (Seite 16)

4. Wohin geht Nick Nase, nachdem er sich den Tatort angesehen hat (Olivers Wohnung) und nachdem er bei Sylvi war? (Seite 37)

5. Einen richtig guten Hinweis bekommt Nick Nase von Robert. Was hat er verloren? (Seite 42)

6. Was rupft Nick Nase am Anfang der Geschichte in seinem Garten aus? (Seite 7)

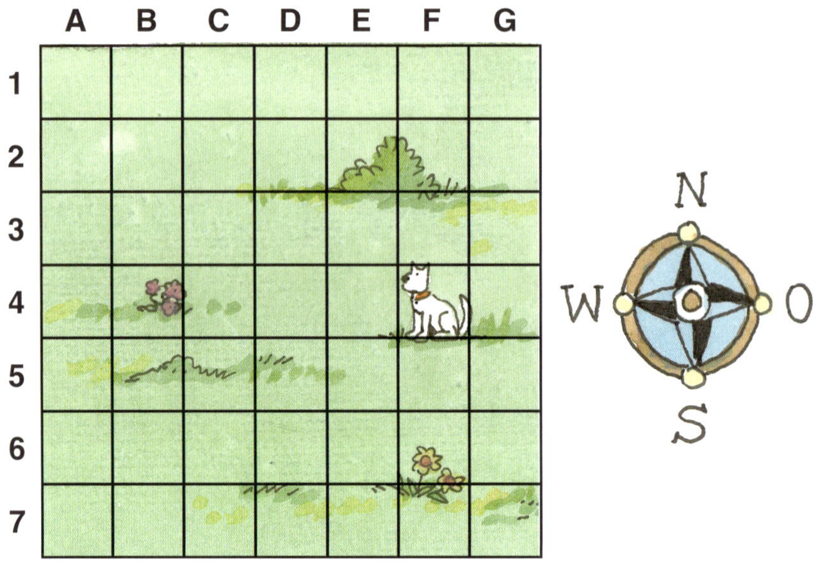

Nick Nase und das verschwundene Kissen
(Seite 65–121)

Detektive müssen oft verschlüsselte Nachrichten knacken. Diese verschlüsselte Nachricht hat etwas mit Nick Nases Fall vom verschwundenen Kissen-Überzug zu tun. Um die Nachricht zu entschlüsseln, brauchst du das ABC.

A B C D E F G H I J K L M N O P Q R S T U V W X Y Z

Tipp: A=Z; B=A; C=B

Lbuafo-Lpqgljttfo-Vfcfsavh-Gbmm hfmpftu!

Beide Nick-Nase-Krimis

Ein Detektiv braucht eine gute Beobachtungsgabe. Deshalb hier noch ein paar Fragen zu beiden Nick-Nase-Krimis:

1. An wen schreibt Nick Nase immer einen Brief, wenn er einen Fall übernommen hat? (Seite 22)

   An seine | | | | | | |

2. Welche Haustiere hat Sylvi? (Seite 28 und 76)

3. Was isst Nick Nase, wenn er nachdenken will? (Seite 42 und 102)

4. Wie heißt der gefährlichste Hund in der Gegend? (Seite 32 und 80)

1					

5. Wem gehört dieser Hund? (Seite 32 und 80)

Die falsche Fährte (Seite 125–136)

Im Pfadfinderlager wird Geld gestohlen. Fenja und Marie machen sich auf die Suche nach dem Dieb. Ein wichtiger Hinweis auf den Täter sind die Papierschnipsel aus einer Zeitung. Worum geht es in dieser Zeitung? (Seite 131)

ß = ss

Der stumme Tom (Seite 139–153)

In Onkel Twisters altem Hotel spukt es plötzlich. Fynn will das Gespenst sehen und legt sich nachts auf die Lauer. Danach weiß Fynn, dass sein Onkel hinter dem Spuk steckt.
Woher er das weiß? Einen Hinweis gibt der Name des angeblichen Gespensts. (Seite 148)

Es heißt der

					3

Das Bootsrennen (Seite 155–166)

Marcel hat beim Bootsrennen geschummelt, da bist du dir sicher. Aber wie? Diese kleine Landkarte kann dir bei der Lösung helfen:

Und außerdem solltest du unbedingt auf die Windrichtung achten. Woher weht der Wind? (Seite 160, 162, 166)

Der Wind weht aus ☐☐☐☐

Bilderrätsel

Ein Detektiv braucht eine gute Beobachtungsgabe. Hast du dir die Bilder zu den Geschichten **Die falsche Fährte, Der stumme Tom und Das Bootsrennen** genau angesehen? Dann kannst du die folgenden Fragen sicher richtig beantworten! Wenn du dir nicht sicher bist, kannst du auch nachblättern.

Beobachtungsrätsel – Die falsche Fährte

1. Was ist vorne auf das Kanu gemalt, mit dem Fenja und Marie ihre Kanutour machen? (Seite 126)

2. Welches Tier sitzt auf dem Regal im Gemeinschaftszelt? (Seite 127)

3. Trägt Frau Mahler eine Brille? (Seite 133)

Beobachtungsrätsel – Der stumme Tom

1. Welche Farbe hat das Fahrrad, mit dem Fynn nicht fahren will? (Seite 142)

4			

2. Wie viele Spinnen lässt der stumme Tom es regnen? (Seite 144/145)

3. Welche Tiere schleichen herum, als Fynn sich auf die Lauer legt, um den stummen Tom zu sehen? (Seite 148/149)

					und				

Beobachtungsrätsel – Das Bootsrennen

Auf dem Bild auf Seite 183 siehst du, wie die Kinder ihre Boote schwimmen lassen.
Sicher kennst du das Bild. Du hast es schon auf Seite 160/161 gesehen. Aber irgendwas ist hier doch anders! Findest du alle fünf Unterschiede zwischen den beiden Bildern?

Beobachtungsrätsel - Das Bootsrennen:

Lösungen

Kleines Aufwärmrätsel: Du knackst den Rätselcode!

Nick Nase und die Super-Pflanze:
1. Ein Zuhause; 2. Siegel; 3. Wasser; 4. Wald; 5. Wurm; 6. Unkraut. Der Knochen liegt in C5.

Nick Nase und das verschwundene Kissen:
Du brauchst zur Entschlüsselung der Nachricht nur jeden Buchstaben im ABC nach vorne zu schieben, dann bekommst du als Lösung: „Katzen-Kopfkissen-Ueberzug-Fall geloest!“

Beide Nick Nase Krimis:
1. Mutter; 2. Katzen; 3. Pfannkuchen; 4. Django; 5. Nina

Die falsche Fährte: Fußball

Der stumme Tom: Es heißt der stumme Tom.

Das Bootsrennen: Der Wind weht aus West.

Beobachtungsrätsel – Die falsche Fährte:
1. Sonne; 2. Maus; 3. ja

Beobachtungsrätsel – Der stumme Tom:
1. blau; 2. zehn; 3. Katze und Maus

Beobachtungsrätsel – Das Bootsrennen:
((Unterschiede aufzählen))

Rabenpost

Super, alles richtig gemacht! Jetzt wird es Zeit für die RABENPOST.
Schicke dem LESERABEN einfach eine Karte mit dem richtigen Lösungswort. Oder schreib eine E-Mail.
Wir verlosen jeden Monat 10 Buchpakete unter den Einsendern!

An den LESERABEN
RABENPOST
Postfach 20 07
88 190 Ravensburg
Deutschland

leserabe@ravensburger.de
Besuche mich doch auf meiner Webseite:
www.leserabe.de

Ravensburger Bücher

Leserabe

Rabenstarker Lesespaß für Erstleser ab der 2. Klasse

Bettina Lawrenz

Karamellas Geheimnis

Dass Karamella ein Geheimnis hat, muss nicht gleich jeder wissen. Erst recht nicht Karamellas Eltern ...

ISBN 3-473-36084-8

Ursel Scheffler/Jutta Timm

Oskar, der kleine Schlampir

Im Gegensatz zu den anderen Vampiren ist Oskar ziemlich unordentlich – und kommt zu spät zur Vampirschule ...

ISBN 3-473-36170-4

Leopé

Kleine Ritter haben's schwer

Ritter Starkbauch hat es schwer: Dauernd machen sich die anderen Ritter über ihn lustig, weil er so dick ist.

ISBN 3-473-36020-1

Bernhard Hagemann/Anja Rieger

Potzblitz, Piraten!

Florian ist genervt. Sein kleiner Bruder Philipp hat eine Piratenmacke.

ISBN 3-473-36062-7

Ravensburger

ERZ_06_002